AF356815

Abbaye de N. D. des Dombes

par Marlieux (Ain)

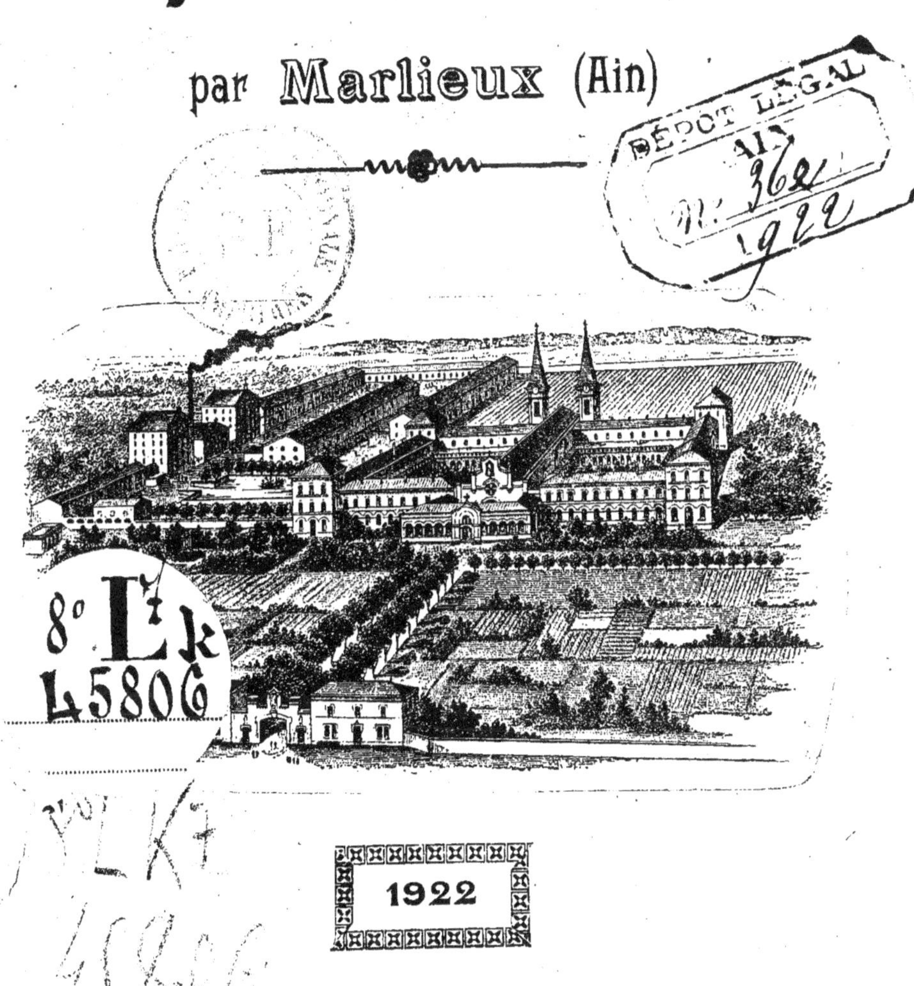

1922

HORAIRE DES TRAINS

Départ de Lyon Croix-Rousse.	Arrivée à Marlieux.
5 h. 30	6 h. 44
8 h. 45	10 h. 20
13 h. 15	14 h. 52
17 h. 25	18 h. 47
20 h. 5	21 h. 44

De Bourg à Marlieux

5 h. 40	6 h. 11
8 h. 50	9 h. 24
11 h. 35	12 h. 6
16 h. 25	17 h. 19
20 h. 42	21 h. 23

On peut aussi venir facilement d'Ars à Villars et à Marlieux.

Adresse télégr. : Trappistes Le Plantay
Téléphone : Le Plantay 2

Pour la Ciergerie liturgique, et pour la Musculine « bonbons de viande reconstituants » demander ˡᵉˢ brochures ou prospectus spéciaux.

Cette Brochure est vendue 1 franc.

Une Journée
à l'Abbaye Cistercienne

❦

Sur la route...

Une heure environ de trajet par voie ferrée et l'on est
rendu de Lyon ou de Bourg à Marlieux, station la plus rap-
prochée de la commune du Plantay. C'est sur le territoire
de cette dernière localité, au centre du vaste plateau des
Dombes, qu'est bâtie l'Abbaye cistercienne. Région autrefois terrible pour ses malheureux habitants, à cause de l'in-
salubrité provenant des nombreux étangs dont elle était
parsemée, la Dombes a été, à force de travaux, heureusement
transformée et bien assainie. Seuls quelques étangs fort pois-
sonneux et pour cela conservés jalousement par leurs pro-
priétaires rappellent encore le malheureux passé ; mais ces
nappes d'eau que l'on déplace du reste périodiquement,
n'ont plus d'exhalaisons infectes et nocives. Un peu partout,
de magnifiques cultures ou de verdoyantes prairies ont rem-
placé les eaux fangeuses. Le climat lui-même en a été changé
du tout au tout. L'on peut dire aujourd'hui de cette contrée
que, bien qu'ayant conservé quelque chose de sa mauvaise
renommée (tellement il est difficile de se refaire un nom ?)
elle n'a plus rien de particulièrement nocif ni de désavan-
tageux pour le touriste le plus susceptible. Outre que pour

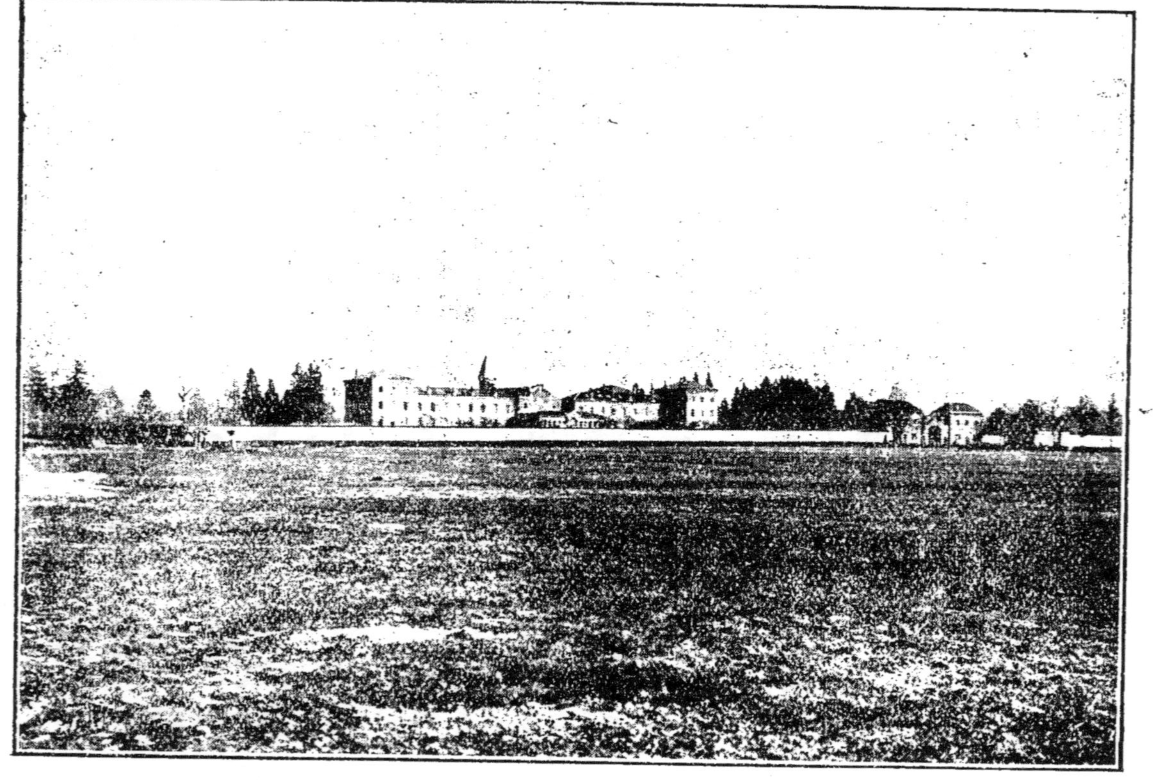

Vue du Monastère ... de la route

les habitués un sentier à travers bois et champs amène en rien de temps de la gare au monastère, on peut se rendre aisément de Marlieux à l'Abbaye. On emprunte pour cela en bonne partie la belle route nationale, qui de Lyon se dirige vers Bourg et au-delà. Puis, après avoir ainsi cheminé quelque temps on s'engage, à peu de distance du monastère sur un modeste chemin vicinal et l'on ne tarde pas à apercevoir la gracieuse et vive silhouette des bâtiments monastiques.

L'arrivée

Tapie comme un nid d'alouettes en plein milieu des champs, à peine dissimulée derrière un faible rideau de cèdres élancés et de peupliers géants, dont le vert feuillage fait un heureux contraste avec le rouge vif des murs en briques ; tout cela enfin dominé par la flèche argentée d'un clocher: telle apparaît de loin la sereine Abbaye. — Et voici que la surprise accroît à mesure qu'on se rapproche du but. Bientôt le visiteur voit s'étaler devant lui une véritable et pittoresque cité. C'est qu'en effet, comme tout monastère régulièrement organisé, Notre-Dame-des-Dombes possssède, dans les murs de sa vaste clôture, les types divers de constructions requises pour une agglomération humaine capable de se suffire à elle-même. Apparaît tout d'abord la masse imposante constituant le corps de logis, dont les différentes nervures s'appuient sur l'église placée au centre de l'édifice. Puis de part et d'autre et placés ça et là symétriquement comme les raisins d'une belle grappe de bâtiments aux formes très diverses (on remarque de suite une haute cheminée, mais sans fumée démantelée et qui semble bien n'être aujourd'hui, que le dernier vestige d'une activité industrielle actuellement disparue).

Et l'on arrive ainsi aux abords du monastère. Après avoir salué une statue de la Vierge qui est placée là pour accueillir le visiteur, on s'engage sous une belle allée de tilleuls. Quelques pas à faire, et l'on est arrivé. Il peut frapper sans crainte à la porte de l'Abbaye cistercienne, le visiteur ami que les attraits mystérieux du cloître ont amené en ces lieux. Un cordial accueil lui sera toujours fait par le bon Frère portier, un vieillard sans doute, mais au sourire toujours jeune et au cœur toujours chaud.

Avant de franchir les murs de l'enceinte monastique, il faut jeter un regard sur les champs de culture et les prairies superbes, qui s'étalent tout autour. Ce sont là les possessions agraires de l'Abbaye ; les métairies modestes disséminées çà et là en dépendent aussi. Autrefois immergées, ces terres ont été desséchées par les moines au prix de fortes fatigues et d'inlassable dévouement. C'est là que les Trappistes d'aujourd'hui accomplissent leur tâche quotidienne de labeur manuel ; là, ils tirent en bonne part le pain nécessaire à leur subsistance et au large exercice de la charité dont les pauvres sont les heureux bénéficiaires.

On visite . . .

Et maintenant, cédant aux instances du bon Père Hôtelier accouru en hâte pour nous recevoir, pénétrons ensemble dans la silencieuse cité.

Face à l'entrée, au bout d'une avenue bordée de vignes et ombragée d'arbres fruitiers, se dresse majestueux, dans la hiératique sévérité de son manteau de pourpre, le bâtiment monastique. Sa masse imposante, dont les lignes solennelles et le profil austère sont agréablement découpés par quelques assises ou quelques encadrements de pierre blanche, produit le plus bel effet dans cet horizon et ce paysage sévère des Dombes. Les constructions existantes n'embrassent que les deux tiers des bâtiments projetés. Néanmoins, la façade principale étant complètement terminée, l'ouvrage ne semble point de prime abord inachevé.

Voici maintenant la disposition et l'adaptation des diverses parties de l'édifice. Au chœur de tout, l'église tient manifestement ici la place d'honneur. De part et d'autre, un quadrilatère fermé coupé lui-même en son milieu par une aile transversale. Ainsi en sera-t-il du moins, lorsque les plans auront été complètement réalisés. Dans l'un de ces quadritères, dont l'aile de face existe seule jusqu'à ce jour, sont les bâtiments affectés au logement des hôtes ou visiteurs de passage. Quant aux diverses bâtisses formant le groupement opposé dont se compose l'autre quadrilatère, qui existe en son entier, elles sont réservées aux religieux exclusivement. Et pour relier ensemble les deux fractions de l'imposant édifice, un gracieux portique s'étale devant l'église, encadrant lui-même de ses arceaux d'ogive une cour intérieure qui rappelle assez bien l'atrium des Romains.

Du plus pur style cistercien, l'église abbatiale de Notre-Dame des Dombes se signale à la fois par sa robustesse et sa gracieuse simplicité. On a dit que l'artiste Bossan qui l'a conçue en a fait à merveille un emblème du fils de Citeaux toujours fort et toujours joyeux. La grande nef, dont les voûtes en cerceaux sont soutenues par de robustes colonnes, est remplie par le double chœur des religieux. Un remarquable jubé en pierre blanche, surmonté d'un beau calvaire que supportent huit colonnes de granit, sépare le chœur des moines de celui des convers. À signaler aussi le trône abbatial, en beau chêne sculpté, remarquablement travaillé : œuvre d'un humble frère convers. Notons enfin, que le cimetière des moines est placé à l'ombre du sanctuaire. Ainsi le veulent les usages cisterciens, inspirés en cela par un motif de fraternelle et surnaturelle piété.

De l'église, on pénètre directement dans le cloître, autre joyau d'architecture monastique. Bien que moderne et n'ayant point, comme tel, le cachet des cloîtres antiques, celui de Notre-Dame des Dombes ne laisse pas d'être un beau modèle du genre. Il décrit un quadrilatère régulier, enclavant un préau où trône une statue de la Vierge. Les voûtes sont constituées par une suite d'arceaux croisés, en belle et pure ogive, reposant sur des coupoles en pierre ornées elles-mêmes de motifs siciliens. Les arcades extérieures, garnies de vitrages, sont supportées par des colonnettes aux chapiteaux romans, dont la blancheur fait un heureux contraste avec la brique rouge employée ici pour ne point briser l'harmonie avec les autres parties du bâtiment monastique. On remarque appendus aux murs de beaux diptyques en marbre noir, où se lisent les noms des bienfaiteurs dont la reconnaissance des moines a voulu perpétuer le souvenir.

Après le cloître, le chapitre est le local où l'inspiration artistique a été le plus largement admise à prêter au religieux contemplatif le concours de sa force d'ascension vers la suprême Beauté. Véritable sanctuaire familial la salle capitulaire est, après la maison de Dieu, le témoin le plus assidu de la vie intime du moine. Aussi les portraits et souvenirs de famille en forment la principale décoration. Au centre de la salle et aux pieds d'un grand Christ, se dresse une belle chaire abbatiale, à laquelle est annexée de part et d'autre une stalle pour le Révérend Père Prieur et le Père Sous-

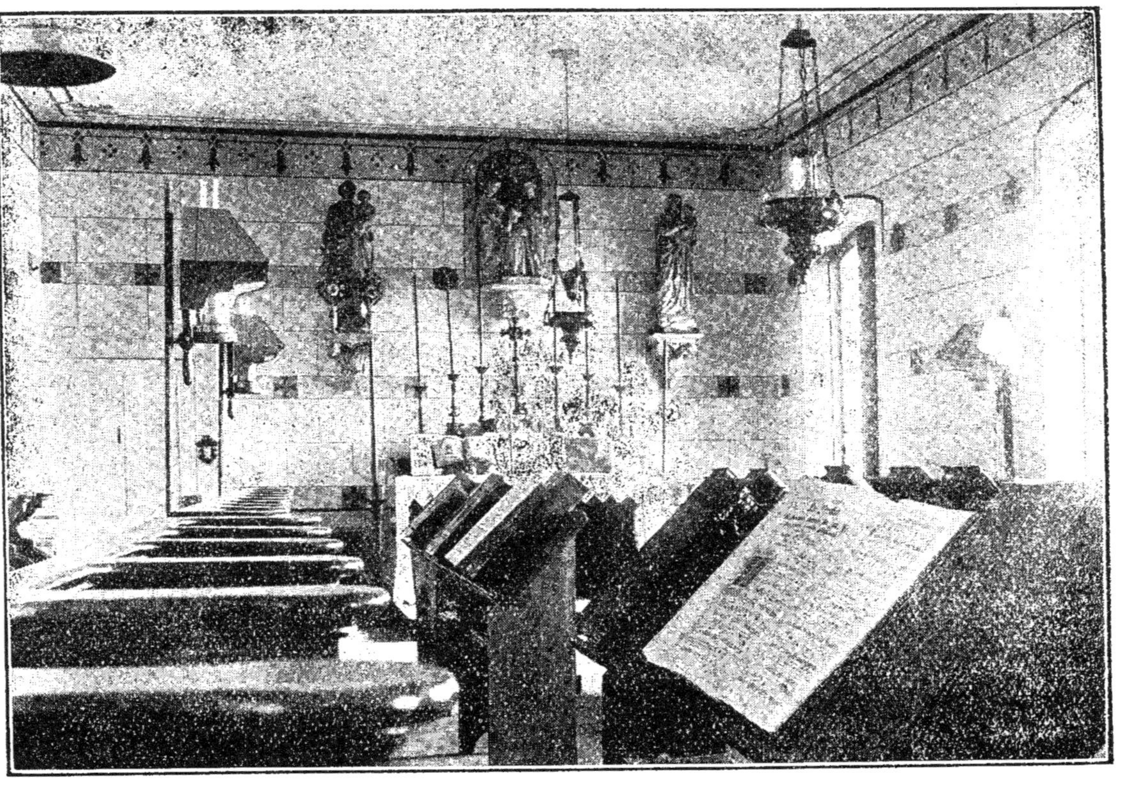

Chapelle provisoire — Futur Scriptorium

Prieur. Tout autour sont disposés, pour la Communauté. des bancs fixés aux murs par des boiseries de bel effet.

Comme salles communes offrant un certain intérêt pour les visiteurs il faut signaler aussi le scriptorium. où les moines vaquent à leurs travaux intellectuels, qui sont toujours éxécutés en commun à la Trappe, — l'auditorium. où les Supérieurs distribuent à chacun sa part quotidienne de travail manuel. ou bien répondent aux explications d'ordre pratique. qui leur sont demandées ; — la bibliothèque. pièce assez vaste où sont disposés les ouvrages ascétiques ou scientifiques. dont se nourrit journellement l'esprit et le cœur des moines.

Enfin. une visite toujours attrayante. c'est celle du réfectoire et des dortoirs. Ici. point d'ornementation superflue ; simplement ce que réclame l'hygiène et ce qui est requis pour la satisfaction des exigences raisonnables de la partie animale de l'être humain. Dans la salle vaste, propre et bien éclairée où le Trappiste prend ses frugals repas, ce qui frappe surtout c'est l'agencement des couverts. Tout y respire la plus indigente pauvreté : cruche et gobelet en terre, assiette en fer blanc, couvert en bois c'est toute la vaisselle du moine cistercien. — Même austérité dans l'aménagement des salles où le trappiste prend son repos. Toujours soumis à la grande loi de la vie de communauté, qui le poursuit partout. il dort côte à côte avec ses Frères. comme il prie et travaille avec eux. Dans une grande salle. sont disposés des cellules ; une cloison en briques, assez élevée pour établir un isolement relatif en fait la séparation. Pour tout ameublement, une couchette formée par deux planches reposant sur une maçonnerie et supportant une paillasse piquée et un traversin bourré de paille, avec quelques couvertures. Un crucifix et une image de Marie fixés aux murs blanchis à la chaux constituent toute l'ornementation, autorisée par les usages cisterciens. Quelle leçon d'austère pénitence s'en dégage !

Toutefois, les moines sont sujets comme tous les hommes, aux misères et aux infirmités corporelles. Aussi la sage législation qui les régit veut que des soins motivés par la maladie soient largement donnés à ceux qui en sont atteints. L'infirmerie avec ses dépendances, cuisine, pharmacie, chambres séparées. occupe à elle seule, une aile entière de bâtiments.

Telle est dans son ensemble l'adaptation de l'édifice principal de l'Abbaye cistercienne.

Ciergerie et Musculine

Dans l'enceinte de clôture, sont répartis çà et là d'autres bâtiments de formes et de dimensions très diverses. Ici, tout près c'est l'atelier de ciergerie liturgique, dont l'outillage fait l'admiration des visiteurs et dont les produits, rigoureusement conformes aux prescriptions de la législation ecclésiastique, sont toujours de premier choix.

Un peu plus loin, c'est un laboratoire intéressant où les moines, qui se refusent à eux-mêmes l'usage de la viande, travaillent à la préparation d'un produit reconstituant : La « musculine », tel est son nom, est un extrait de viande choisie délicieusement assaisonné à l'intention des estomacs débiles.

Ici se dressent de hauts bâtiments. Ils ont tressailli autrefois sous le joyeux tic-tac d'un moulin. En attendant une utilisation plus digne de leur imposante ossature, ils abritent aujourd'hui la boulangerie et la buanderie du monastère,

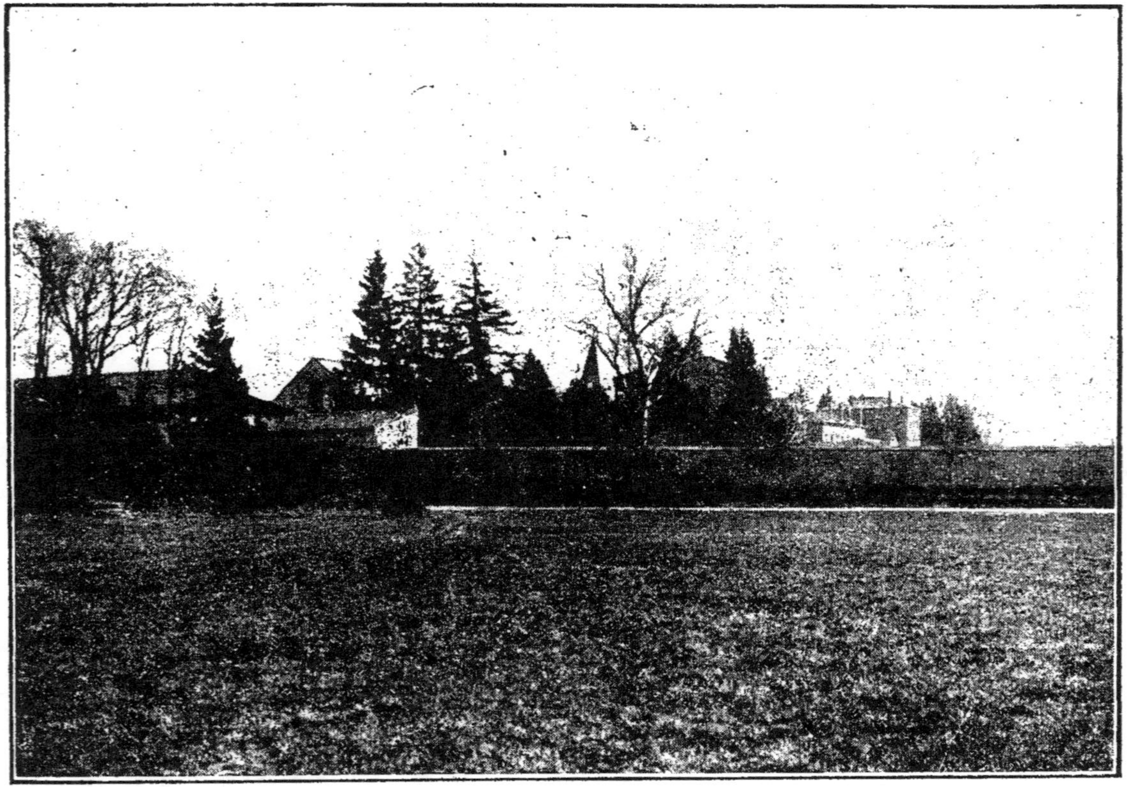

Un coin du bosquet et de la ferme

Les ateliers et la ferme

Non loin de là s'alignent les ateliers. Cordonniers, bourreliers, forgerons ferblantiers, serruriers, charrons, tourneurs menuisiers, en un mot tous les principaux corps de métiers y ont eu en leur temps de remarquables représentants.

Enfin, il faut mentionner tout spécialement les vastes installations agricoles du monastère : ses étables, dont l'adaptation et la propreté sont remarquables ; — ses granges spacieuses, ses hangards, ses instruments agricoles exigés pour la culture moderne intelligemment dirigée. Tout ici, en un mot, est digne d'une ferme modèle ; tellement il est vrai que les moines ne font jamais rien à demi.

C'est bien là en effet la dernière impression que l'on garde après avoir parcouru les divers champs du labeur monastique, soit intellectuel, soit moral, soit même matériel. Ici tout est achevé, parce que tout est fait dans la paix, dans l'amour du travail, dans la concorde et le dévouement réciproque. Quelle belle apologie vivante de la loi chrétienne pour nos sociétés modernes !

On raconte la Fondation du Monastère

S'il vit dans le présent, fortement uni à ses Frères par les liens de la plus tendre charité, le moine cistercien professe aussi pour les traditions, pour le passé de sa Famille monastique, un véritable culte. Aussi le bon Père Hôtelier se fait-il toujours un devoir, dont il s'acquitte avec une joie manisfeste, de narrer à tout visiteur l'historique de la chère Abbaye. — Et, en vérité, c'est une belle page dans les fastes du dévouement monastique qu'ont écrit en ce plateau des Dombes, les religieux cisterciens. Voici, en deux mots, cette histoire :

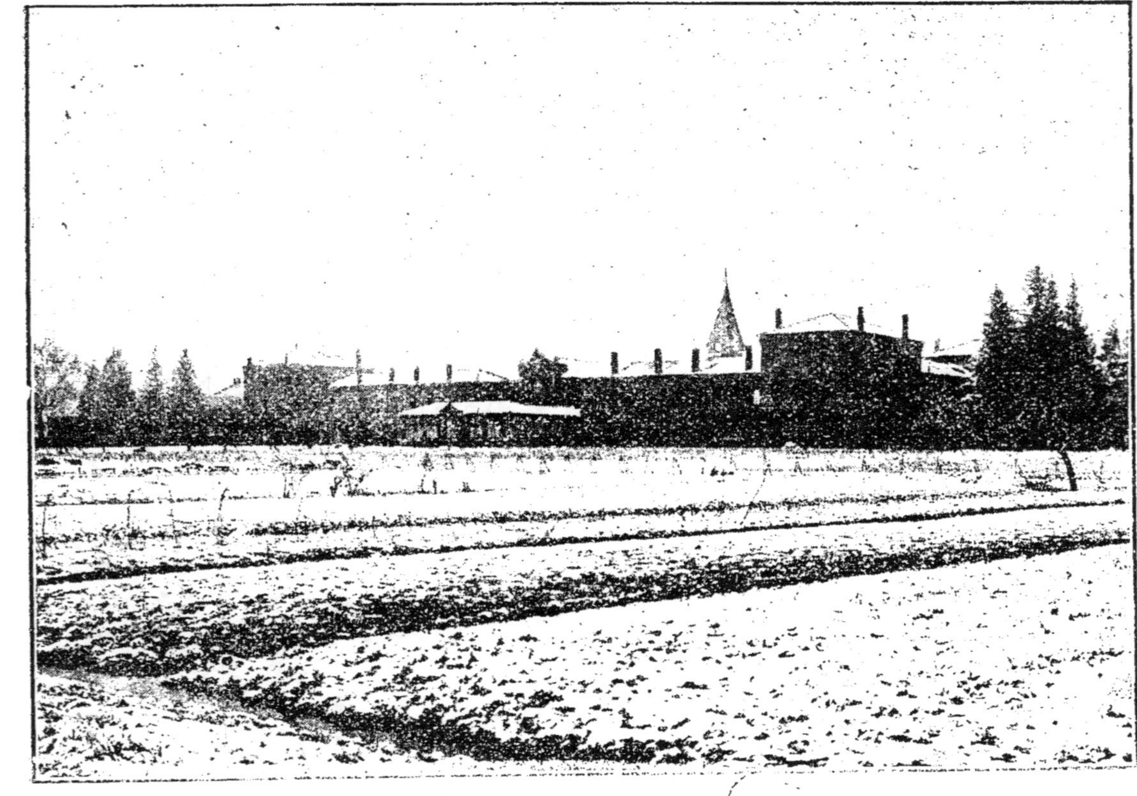

Le jardin sous la neige

Le 4 octobre 1863, un essaim monastique, parti de la vieille Abbaye d'Aiguebelle, au diocèse de Valence, venait se fixer en plein cœur des Dombes. Appelés par l'Evêque de Belley, Monseigneur de Langalerie, ces vaillants religieux, au nombre de quarante-deux, venaient sans hésiter apporter l'appoint de leurs priéres et de leur dévouement à l'œuvre du relèvement matèriel et moral de cette malheureuse région. Ils avaient à leur tête le Père Augustin, dans le monde marquis de Ladouze, alors simple Prieur, mais qui devait être élu premier Abbé de Notre-Dame-des-Dombes, le 24 février 1866.

Dès leur arrivée au Plantay, où se dressaient les premières ébauches du monastère croissant, i's se rendirent compte des difficultés qu'ils avaient à surmonter. On se mit à l'œuvre, néanmoins avec l'énergie opiniâtre que savent apporter les moines à une entreprise de dévouement. Sous la direction intelligente et souverainement paternelle de leur vénéré Père, les fils de dom Augustin réalisèrent des merveilles. Par des travaux habilement conduits et éxécutés au prix de fatigues inouïes, ils dessèchèrent et mirent successivement en valeur les quelques centaines d'hectares de terrain dont-ils étaient possesseurs. Et quelques années après, on pouvait admirer de belles cultures, un jardin potager, une fôret d'arbres fruitiers, une vigne même en ces terres où poussaient autrefois les ajoncs et roseaux. Ainsi qu'on l'avait escompté, cet exemple provoqua dans la région les plus heureuses initiatives et les plus fécondes émulations. Peu à peu, des travaux similaires d'assainissement furent exécutés, donnant les plus heureux résultats. — A vrai dire, l'œuvre des moines avait été dure la fièvre ajoutant ses tortures aux fatigues occasionnées par un rude travail ; plusieurs avaient succombé. Néanmoins, l'entreprise avait été manifestement bénie de Dieu, et Marie avait montré une fois de plus à ses Fils aimés de Cîteaux qu'elle avait agréé leurs sacrifices.

S'il avait eu la joie de voir son œuvre solidement établie, le Révérend Père Dom Augustin ne devait pas jouir long-temps ici-bas du fruit de ses labeurs. Il mourut le 26 décembre 1870. dévoué à ses enfants jusqu'en sa mort elle-même. puisqu'il contracta, au chevet de cinq d'entre eux. la maladie qui devait l'emmener lui-même prématurément au tombeau. Belle mort après une belle vie !

Dom Benoît Margerand fut le successeur immédiat du vénéré fondateur de Notre-Dame-des-Dombes. Entré à l'Abbaye. le 8 octobre 1864. il fut élu Abbé le 24 février 1871. Sous son gouvernement, le personnel du monastère s'accrut rapidement ; en 1879, la Communauté se composait de 118 membres. Cela permit de songer à essaimer ; d'autant plus que la tempête soulevée contre les Congrégations religieuses invitait fortement à se préparer un gîte ailleurs, en cas d'expulsion. Et, en effet. comme les membres des autres sociétés congréganistes, les Trappistes. de Notre-Dame des Dombes furent chassés, par la force. de la maison qu'ils avaient bâtie de leurs mains, au prix de bien des sacrifices. Assisté du bon et saint Frère Gabriel Giraud (dont on a écrit la vie) Dom Benoît découvrit un asile en Autriche. A Reichenburg, dans les montagnes de la Styrie. on acheta, au commencement de 1881, un antique manoir. qui devait être bientôt converti en un ravissant monastère et érigé en Abbaye le 10 septembre 1891. Brisé par les douloureux évènements de 1880, le Révérend Père Dom Benoît crut devoir déposer le bâton pastoral le 8 mai 1882. Il vécut encore jusqu'en 1914. en son cher monastère de Notre-Dame des Dombes qu'il avait tant aimé.

Le P. Louis de Gonzague Moirant avait la charge de Prieur, lors de la démission de Dom Benoît. C'est sur lui que se porta alors le choix de la Communauté. Il fut élu le 8 juillet 1882 et gouverna sagement le monastère jusqu'au 23 septembre 1905. Prieur accompli, Dom Louis de Gonzague fut un Abbé modèle, un Père beaucoup plus qu'un chef. Sa mémoire restera en bénédiction, car tous ceux qui l'ont connu l'on profondément aimé.

Un mot seulement pour ne pas froisser sa modestie, sur le troisième Abbé de Notre-Dame des Dombes, dont les visiteurs du monastère peuvent aujourd'hui encore admirer la surprenante activité. Le Révérend Père Dom Bernard Sirvain compte actuellement cinquante année de vie religieuse bien sonnées et bien remplies. Nommé successivement Supérieur de Reichenburg jusqu'en 1885, Prieur claustral de Notre-Dame des Dombes, il fut élevé à la dignité abbatiale le 16 octobre 1905. Règle vivante, il n'a jamais cessé d'édifier ses Fils spirituels par son assiduité constante à toutes les observances monastiques. Les lourdes responsabilités qui ont pesé sur lui dans les temps troublés que nous avons traversés, puis les blessures profondes que la guerre a faites à son cœur paternel l'ont contraint à se démettre de sa charge.

Un successeur lui a été donné le 19 mars 1919, en la personne du Révérend Père Dom Bernard Delauze, fils de l'Abbaye de Notre-Dame d'Aiguebelle, où il a exercé successivement d'importantes fonctions. Envoyé à Notre-Dame des Dombes pour y remplir par intérim, la charge de Supérieur, il gagna bien vite l'estime et l'affection de ses enfants adoptifs. Ceux-ci, en effet, le choisirent pour leur Père, et le 26 avril 1919, l'église abbatiale des Dombes était le joyeux témoin de la bénédiction de son cinquième Abbé.

Au lendemain des années de guerre, la Communauté de Notre-Dame des Dombes se ressent douloureusement des sacrifices que Dieu et la France lui ont, tour à tour, demandés ; dix-huit de ses membres sont morts au champ d'honneur, victimes de leur dévouement à la Patrie. Néanmoins, on ressent déjà un renouveau de vitalité en cet essaim, que le souffle d'en-haut veut manifestement revivifier. Les noviciats, tant pour les re'igieux de chœur que pour les frères convers, se garnissent doucement ; et tout fait espérer que sous peu, Marie y pourvoyant, les vocations nouve'les auront comblé les places vides.

Enfin, en père soucieux de l'avenir de sa Maison, le Révérend Père Dom Bernard a déjà groupé un noyau de petits oblats, semence de moines qui lèvera demain et produira ses fruits, s'il plaît à Dieu. En attendant, cette jeunesse radieuse d'innocence et de pureté fait la joie et l'édification de ses aînés.

Ce qu'est un moine cistercien

Terminons par un rapide aperçu sur la journée du moine cistercien.

Les Trappistes, on le sait, ont repris il y a deux siècles, sous l'impulsion de l'Abbé de Rancé et de Dom Augustin de Lestrange, l'antique et vénérable réforme de Cîteaux. Or, l'esprit de cette réforme, opérée à la fin du XIe siècle, par Saint Robert, Abbé bénédictin de l'observance de Cluny, complétée peu après par Saint Etienne et Saint Albéric, et illustrée dans la suite par tant de saints, entre lesquels Saint Bernard brille d'un éclat incomparable, avait consisté surtout à reprendre au pied de la lettre et dans leur rigueur absolue tous les points de leur règle de Saint Benoît.

Héritiers des œuvres et de la gloire de leurs Pères, les Trappistes d'aujourd'hui veulent l'être aussi de leur ferveur et de leur zèle. En disciples fidèles de Saint-Benoît, ils observent point par point les prescriptions du grand législateur des moines d'Occident. C'est donc dans le cadre de la règle écrite par lui à part quelques légères atténuations voulues par l'autorité pontificale, que s'écoulent doucement la journée et la vie entière du moine cistercien.

Or, Saint Benoît impose à ses discip'es une vie d'union à Dieu par la prière, la lecture et le silence ; — une vie de communauté absolue sous l'autorité familiale d'un Abbé, — une vie de pénitence et de travail manuel. Et tels sont, en effet, les traits caractéristiques de la vie cistercienne.

Tout d'abord, la **priére**. Religieux contemplatif, le Cistercien est de ce chef constitué par état homme de prière. C'est là sa fonction spéciale ; c'est par là qu'il se distingue des religieux voués spécialement à l'exercice actif du zèle apostolique. Comme eux il travaille, non pas seulement à sa sanctification personnelle, mais encore au salut de ses frères. Mais entre se donner à la grande cause de la gloire divine dans le tumulte des œuvres extérieures, ou s'y dépenser dans le calme des grandes supplications et immolations intérieures, il a reçu en partage le second rôle. Aussi l'Eglise et sa Règle veulent avant tout qu'il soit un **suppliant**.

La prière sous toutes ses formes est la première occupation du Cistercien ; elle est la trame dont est tissée sa vie entière. — En Fils dévoué de Marie pour qui l'Ordre de Citeaux a toujours professé la dévotion la plus tendre, le Trappiste commence sa journée par la psalmodie des Matines et Laudes de l'Office marial. Suivent ensuite quelques instants d'oraison ou d'entretien intime avec le Divin Maître, dans le doux silence de la nuit. Et le moine, ainsi disposé à l'acomplissement de sa tâche principale, commence alors la récitation ou le chant de sa grande prière l'office Divin. Remarquons tout de suite que chaque partie de l'Office canonial récitée au chœur en cours de journée, est toujours précédée par la psalmodie de l'heure correspondante de l'Office marial, le Cistercien voulant chaque fois aller au Fils par la Mère. Il n'y a d'exception que pour l'heure des Complies, qui termine la journée, où l'ordre habituel est interverti : de la sorte, le premier et le dernier mot sortis chaque jour des lèvres du cistercien, sont adressés à Marie. Et l'on sait par quel beau cri d'amour et de confiance à sa Reine, à sa Mère bien-Aimée, est clôturée la journée cistercienne, dans le chant suave du **Salve Regina** !

Mais la prière propre du moine, c'est la prière officielle de l'Eglise, **l'office divin**, « œuvre de Dieu » par excellence, **à laquelle rien ne doit être préféré** dit Saint Benoît. L'office divin occupe au moins six heures de la journée du religieux ; six fois le long du jour, en plus de la supplication prolongée de la nuit, la voix des moines fait monter vers Dieu cet hymne de louange, de réparation, de supplication et d'amour. Toutefois les Frères Convers adonnés plus spécialement aux travaux extérieurs, y consacrent moins de temps et remplacent la psalmodie par des prières vocales.

Ajoutez à cela que l'office des morts est aussi récité au chœur tous les jours où il ne se rencontre pas de fêtes, la piété envers les morts étant un autre trait saillant de la dévotion cistercienne.

Après la prière, Saint Benoît prescrit ce qu'il appelle la **lecture**. A cet autre devoir monastique, la Règle attache aussi une grande importance, la manière de le recommander, la durée du temps qu'elle y consacre, le montrent assez. Du reste, cette obligation est connexe à celle de la prière, la lecture étant pour l'esprit et le cœur du moine un aliment aussi indispensable que l'est pour son corps le pain matériel. Quant à l'étude proprement dite, la Règle bénédictine, le passé et les constitutions actuelles de l'Ordre montrent quelle place de choix doit lui réserver dans sa vie quotidienne le moine cistercien. Entre les divers exercices réguliers, il reste des temps libres ou « intervalles » dont la durée peut-être environ 5 heures pendant les exercices d'hiver, un peu moins durant l'été. Une large part en doit être consacrée à la lecture ou à l'étude proprement dite. Pour les profès, surtout les prêtres les études sont libres, mais non sans contrôle ; quant aux novices et aux jeunes religieux, outre les leçons de philosophie, d'écriture sainte, de théologie dogmatique et morale qui leur sont données, ils ont à mener de front un ensemble d'études ascétiques nécessaires à leur formation.

S'il insiste sur la nécessité de la lecture, Saint Benoît n'est pas moins catégorique lorsqu'il établit pour ses disciples la grande loi du **silence** sans vouloir entrer ici dans des discussions hors de propos, qu'il suffise de faire remarquer qu'à la Trappe ce silence revêt un caractère particulier puisqu'il supprime d'une façon générale l'usage de la parole et la remplace par un certain nombre de signes conventionnels servant à indiquer les choses les plus usuelles. En pratique, ce silence est relativement facile, puisqu'il admet de justes exceptions et qu'en tout temps le religieux a la parole avec ses supérieurs, souvent même avec d'autres suivant l'emploi qu'il remplit. A part ces cas, la loi du silence est continue, et il n'y a ni de moment, ni de circonstances où une conversation commune soit autorisée, ni une récréation, ni promenade ni colloque ne viennent interrompre la solennité du silence général. Pénitence sans doute pour la nature, avoue le moine cistercien, mais aussi source abondante de joie pour son âme de contemplatif, voué à l'oubli de soi et à la recherche unique de Dieu.

Un des caractères les plus marqués du genre de vie cistercienne, c'est la communauté absolue. Pour Saint Benoît, le monastère est une grande famille, placée sous l'autorité paternelle d'un chef suprême, et dans le sein de laquelle les membres qui la composent doivent sans cesse vivre côte à côte, toujours unis dans la prière et dans le travail, dans les repas et dans le repos. Le Trappiste, en effet, n'est jamais seul ; s'il se livre au travail des mains, il le fait conjointement avec ses frères ; s'il s'adonne à l'étude, il doit le faire en salle commune ; s'il prie ou accomplit ses différents exercices spirituels, c'est à l'oratoire commun et généralement avec la Communauté ; s'il prend ses repas, c'est au réfectoire et en même temps que ses Frères ; s'il donne à son corps le sommeil réparateur dont il a besoin, c'est encore dans un dortoir général, où de simples alcôves séparent les religieux les uns des autres. — Sans doute, cette continuelle sujétion de la Communauté durant le jour et durant la nuit, porte avec elle un poids réel de pénitence ; mais d'autre part, quelle force de dégagement elle contient en soi ! Et puis, sans compter que l'union et les bons exemples de ses Frères peuvent l'aider beaucoup à s'élever à Dieu, le véritable moine cistercien trouve, dans ce contact permanent avec ses Frères de précieuses occasions de s'exercer à la pratique des grandes vertus chrétiennes et religieuses.

Comme dans tous les ordres contemplatifs, la pénitence tient une place fort considérable dans l'existence du moine

cistercien. Elle constitue avec la prière, les deux ailes mysté-
rieuses par le moyen desquelles celui-ci s'élève jusqu'au ciel
pour y porter les supplications de la terre et en rapporter le
pardon et les plus abondantes bénédictions. Et c'est bien
parce qu'il unit à la prière le cri de l'expiation, mêlant
ainsi chaque jour la petite goutte d'eau de son sacrifice au
vin du sacrifice du Rédempteur, que le moine exerce sur le
cœur de Dieu une véritable puissance d'intercession et de
réparation vengeresse. Il la met largement à profit, non seulement pour ses besoins personnels, mais aussi pour payer
à la justice divine la dette de ses Frères. — Signalons seulement quelques-uns des traits de la pénitence telle qu'on la
pratique à la Trappe.

Sommeil. — La règle accorde au religieux sept heures de
sommeil ; le lever a lieu à deux heures du matin les jours
ordinaires ; aux jours de fête à une heure ou une heure et
demie selon la solennité. C'est suffisant ; mais il n'en est
pas moins vrai que ce lever matinal constituera toujours
une véritable pénitence. De plus, le Trappiste couche vêtu
et sur la dure, c'est-à-dire sur une simple paillasse faite
en forme de matelas. Certes, il n'y a point là de quoi
flatter la sensualité !

Repas. — L'abstinence des moines cisterciens est perpé-
tuelle, du moins pour ceux qui sont en santé. L'usage de
la viande est cependant permis aux malades, mais jamais
au réfectoire de la Communauté. La nourriture habituelle
d'où le poisson est aussi exclu, consiste en légumes, fruits
laitage et fromage. Et encore le laitage même est interdit
à certaines époques de l'année, notamment durant l'Avent et
le Carême. Ajoutez à cela que les jeûnes sont fréquents et
qu'ils ne constituent pas un simple jeu d'enfants comme
celui des bons chrétiens de nos jours.

Quant aux pénitences ou macérations corporelles, elles sont pour le Trappiste, chose secondaire, permises ou ordonnées avec la plus grande discrétion. La discipline dont il use parfois, les vêtements de laine qu'il porte en toute saison, même pour les gros travaux, etc., toutes ces austérités habituent le corps à ne pas s'endormir dans les jouissances inutiles. D'autre part, les humiliations publiques, la dépendance absolue de l'obéissance forcent l'âme pour ainsi dire à sortir d'elle-même.

En se soumettant avec amour à ce régime plein de rigueur peut-être, mais aussi plein de vigueur tant pour son âme que pour son corps, le religieux peut ainsi expier beaucoup pour lui-même, beaucoup pour le monde coupable. Il est indéniable, aux yeux de la foi, que ces austérités ne pèsent d'un grand poids dans la balance de la justice souveraine.

Si la prière et la pénitence occupent une place prépondérante dans la vie du Trappiste, une large part est donnée au travail manuel, outre qu'il a été imposé par Dieu à tous les hommes comme pénitence, outre qu'il a, par lui-même, une grande utilité morale et hygiénique, saint Benoît le prescrit avec une insistance spéciale à ses disciples. Aussi le travail des mains constitue-t-il une des obligations caractéristiques du moine cistercien : travail sous toutes ses formes, soit dans l'intérieur du monastère, soit dans les champs. Il doit y consacrer en moyenne quatre heures par jour : deux heures le matin et deux heures le soir. Les Convers y consacrent environ huit heures.

Si le moine travaille, ce n'est pas pour amasser des richesses auxquelles il a renoncé et qu'il méprise, mais pour gagner son pain de chaque jour et aussi afin de pouvoir largement secourir les malheureux. — L'histoire est là pour nous apprendre quels efforts remarquables de dur labeur et de charitable dévouement ont fourni dans le cours des âges les colonies monastiques. Et l'on peut sans témérité faire ici aux moines cisterciens une mention d'honneur toute spéciale. Ainsi ont-ils rendu à la société d'appréciables services, tant par leurs œuvres matérielles que par leurs abondantes charités et par leurs beaux exemples de fécond labeur qu'ils n'ont pas cessé de donner aux générations successives

⁂

Arrêtons-là cet exposé trop succint. Il ne traduit que bien imparfaitement les douces impressions et les leçons salutaires d'une journée passée dans la compagnie des moines de Cîteaux, en la jeune et vivante Abbaye de Notre-Dame des-Dombes.

Quiconque aura eu l'avantage de venir se reposer un instant des agitations du monde en cette portion privilégiée de notre terre de France, aura bien mieux compris que nous n'aurions pu le faire entendre, le rôle immense exercé sur la société par ces hommes isolés au fond de leur solitude.

Et il ne pourra s'empêcher, en les quittant, d'abord, de jeter un regard d'envie sur ces moines qui ont vraiment choisi pour eux-mêmes la meilleure part, puis de former dans son cœur le vœu ardent de voir se conserver toujours et se développer encore pour le bien et le salut de l'humanité, ces phares lumineux, ces paratonnerres protecteurs, ces oasis de paix, de prière, de concorde et de labeur.

Daigne Marie, Reine de la Trappe, garder, bénir et multiplier encore ses Fils toujours aimés !

FONDATEURS

Par une Décision de la Commission de *Notre-Dame des Dombes*, présidée par Sa Gr. Monseigneur de Langalerie, Evêque de Belley, toutes les Personnes, Familles ou Communautés qui donnent **MILLE FRANCS** une fois versés, sont considérées comme faisant partie des **Fondateurs de Monastère**.

Les Fondateurs ont droit à deux Messes se disant *chaque jour* à **perpétuité**, dans le Monastère : une pour les Fondateurs *vivants*, à l'autel de la Sainte, une autre pour les Fondateurs *décédés* à l'autel de Saint Joseph.

Leurs noms sont inscrits sur les **Tables de marbre** fixées dans le cloître du Monastère, et un diplôme d'agrégation aux prières et à toutes les autres bonnes œuvres de la Communauté leur est délivré.

Permis d'imprimer
Belley, le 19 mars 1920,
† ADOLPHE,
Evêque de Belley.

NIHIL OBSTAT
B. M. de Dumbis die 19 Martii 1920
F. M. MARTINUS PRIOR.

On trouve à l'Abbaye les ouvrages suivants :

Nomasticon Cisterciense.
Vie de F. Gabriel Giraud.
La vie de D. Augustin de Ladouze.
Le Saint Abandon.
L'âme de tout apostolat.
Après le champ de bataille.
La Vie des FF. Convers.
Notice plus détaillée sur l'Abbaye des Dombes.
Et tous autres ouvrages traitant de la vie cister-cienne ou monastique.

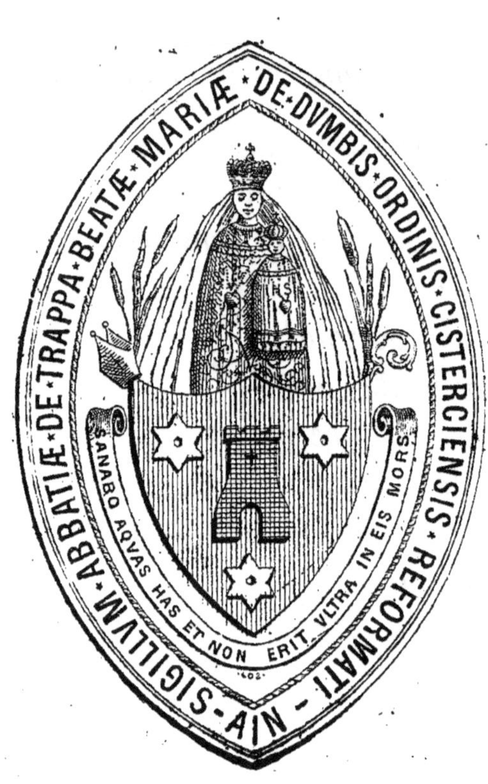

www.ingramcontent.com/pod-product-compliance
Lightning Source LLC
LaVergne TN
LVHW021706170726
843501LV00007B/2709